Luca Tornambè

I MISSIONARI DELLA SPERANZA ALIENA

Prefazione
I missionari della speranza aliena

Attraverso un intreccio profondissimo ed emozionante di arte poetica e pittorica, Luca Tornambè ci trasmette un messaggio di speranza. Una speranza che sembra ormai poter provenire solo da realtà alternative ed essenzialmente differenti, ma per questo più capaci di comprendere le difficoltà e la solitudine degli uomini, e ad essi offrire un'ancora di salvezza, un'opportunità di rinascita.

I brani sono un richiamo alla felicità e a percepire il mondo con la semplicità dei fanciulli, un monito a proteggere e godere della bellezza che ci circonda e che spesso ignoriamo e dimentichiamo.

"Trasforma in meraviglia e speranza tutto ciò che non vedrai librare nel vento."

La forza evocativa dei versi poetici si fonde con l'immediatezza della visione, la vivacità dei colori e smorzata dalla delicatezza delle parole, nulla sembra essere lasciato al caso, tutto si bilancia perfettamente in un'opera che comunica direttamente alle viscere e all'anima, accantonando la razionalità e la logica. Tra i versi poetici e le immagini sono interposti brevi brani narrativi che si offrono come bussole ad indicare il percorso e donano originali chiavi di lettura.

Lo stile è visionario, mistico, ricco di simboli da interiorizzare e a cui dare significato.

Una energia pervade i versi poetici e i brani narrativi, è l'energia che sostiene le metamorfosi, che vivifica il cambiamento, che trasforma la realtà: è l'amore.

"Una delle virtù più importanti che non viene quasi mai messa in evidenza, è la capacità di donare amore incondizionato. Una fonte di energia libera che si trova dentro di noi, talvolta all'apice di un sogno e al di là dei pensieri. Tutto questo ci permette di essere vivi e senza falsi desideri."

Il messaggio si veicola tramite la natura, con le sue molteplici manifestazioni è in perfetta simbiosi; dall'impercettibile battito d'ali della farfalla alla forza sconvolgente del vento, dalla maestosità delle montagne ai fragili fiori di primavera.

Le rappresentazioni di entità misteriose ed enigmatiche sembrano volerci ricordare che l'uomo racchiuda in sé l'intero cosmo e ad esso debba ritornare ad aspirare.

Introduzione

Un tempo i guardiani delle stelle avevano il compito di vegliare sulla purezza della creazione, per far sì che ogni piccola musa vagabonda nel mondo non restasse sola e abbandonata innanzi alla crudeltà degli uomini della Terra.

Per portare avanti la propria luce nello spazio infinito e magico dell'universo, ritornarono sulla Terra dei viventi nelle sembianze umane come prescelti, ma la sorte volle che essi non dovevano piegarsi alle leggi gravitazionali del tempo e assieme a tutto ciò che era mortale e umano di origine.

A ciascuno fu dato un dono speciale: alzarsi in volo per fronteggiare gli inganni quotidiani e per sciogliere gli animi dalle amarezze e tristezze.
Solo uno di loro poteva riuscire perfettamente in questo compito, in quanto a differenza degli altri quattro, quest'ultimo prescelto dal padre per portare gioie e colori ai viventi delle Terre del cosmo, rinasceva e rifioriva nelle vesti di un fanciullo prodigio.

I cinque guardiani, conosciuti anche come i missionari della speranza aliena, riuscirono a coalizzarsi fra loro e sostenere questo compito fin quando il quinto prescelto riuscì ad alzarsi in volo e superare le barriere dimensionali, fronteggiando con la massima destrezza e sapienza le leggi della gravità.
I loro destini sono accomunati da qualcosa di misterioso, atavico e soprannaturale. Potevano riconoscersi e ritrovarsi anche a distanza di secoli nelle tortuose e temerarie vie del mondo, riscoprendo tutte le volte delle emozioni nuove.

Portatori di luce e di coraggio, per riconquistare ciò che è stato perduto e assopito, iniziarono un cammino spirituale nello scenario del giorno e della notte di ogni tempo luogo e spazio.

Una creatura divina di nome
Elara manifesta la sua Luce

Figlia della Luna e
maestra dei tempi
insieme a Chrono padre

Chrono Elara

I cinque prescelti si ritrovarono
in momenti e luoghi sparsi del tempo,
nella stessa origine del luogo natio.
Uno dei prescelti veloce nel compito
di aiuto verso gli altri,
riparava le strutture metteva
in ordine i punti e le attrezzature.
Si prendeva cura degli altri
esseri con letizia e tatto.

15 prescelti – Chronovision 2015

Luca Tornambe' narration

Sintonizzazione Cronovisore

Crono
Spazio Tridimensionale

INVENTA LE FORME

3D

Io puro e misterioso al Tempo

Ganimede

Crea esseri Divini
e governa gli altri prescelti

Crono Elara

Elara non aveva portato al mondo un nuovo corso di luce, perchè il suo principe doveva parlare ai confini del mondo e restare per lungo tempo in questi luoghi e spazi.
Elara poteva distaccarsi dai prescelti e riesumare lo splendore di questo incanto, facendo in modo che i cinque prescelti si abbracciassero in amicizia. Solo uno di voi valicherà la soglia per parlarmi, gli altri avranno un compito di alleanza sulla Terra ed il prescelto cardine resterà al mio fianco come colore perenne.

Chrono Elara Soul

Solar Queen to Fly

Il prescelto primo parlando del quinto,
reclamava il ricordo solenne che lo fece
contento per quel giorno dove tutti
non volevano dargli soccorso.
Aveva trovato rifugio proprio dove
l'aliante ricognitore era stato
in volo e sospeso per il nubifragio.
Il sole era l'amico e allo stesso tempo
il lido vivente dove stare in guardia
per la regina promessa al quinto.

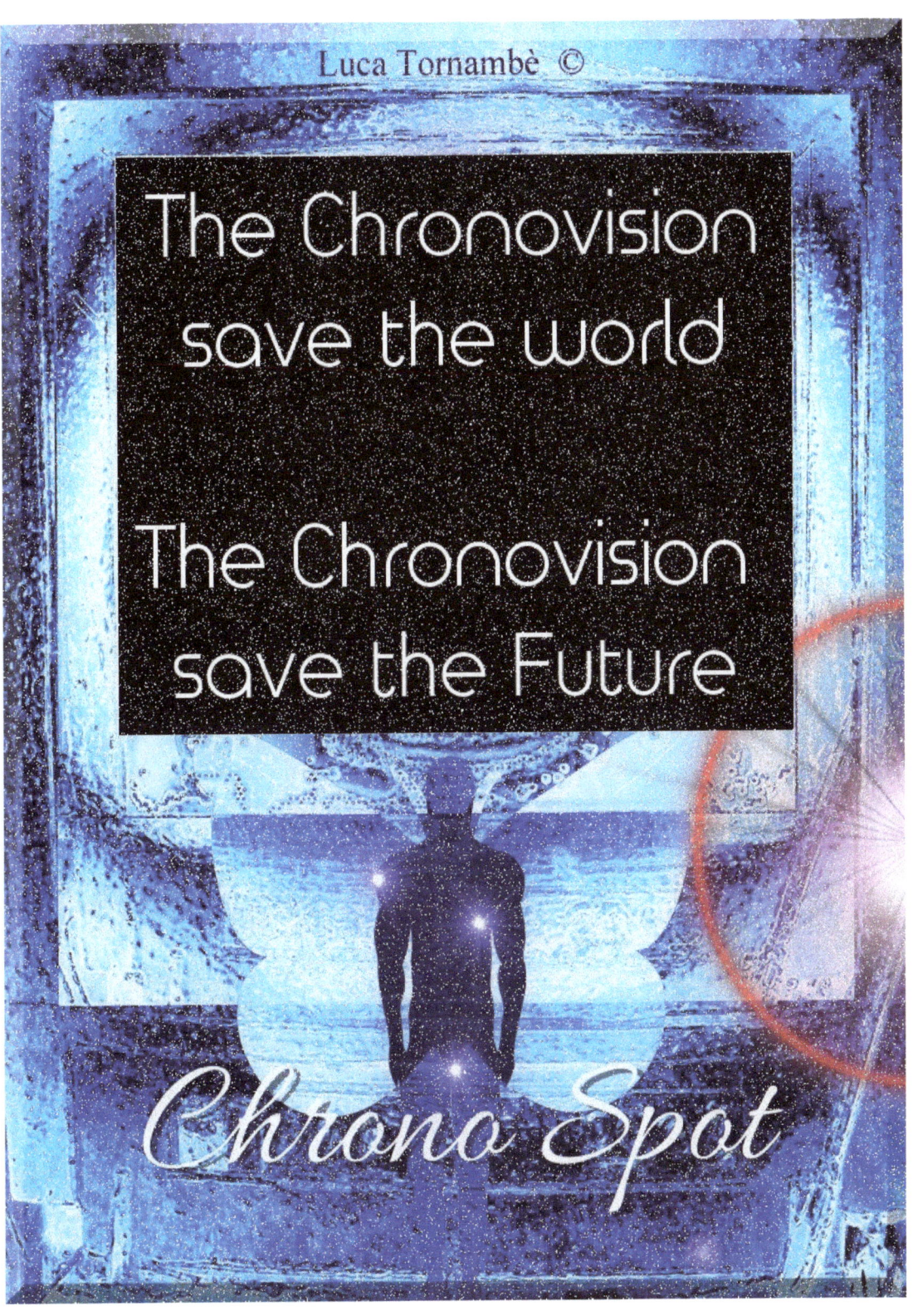

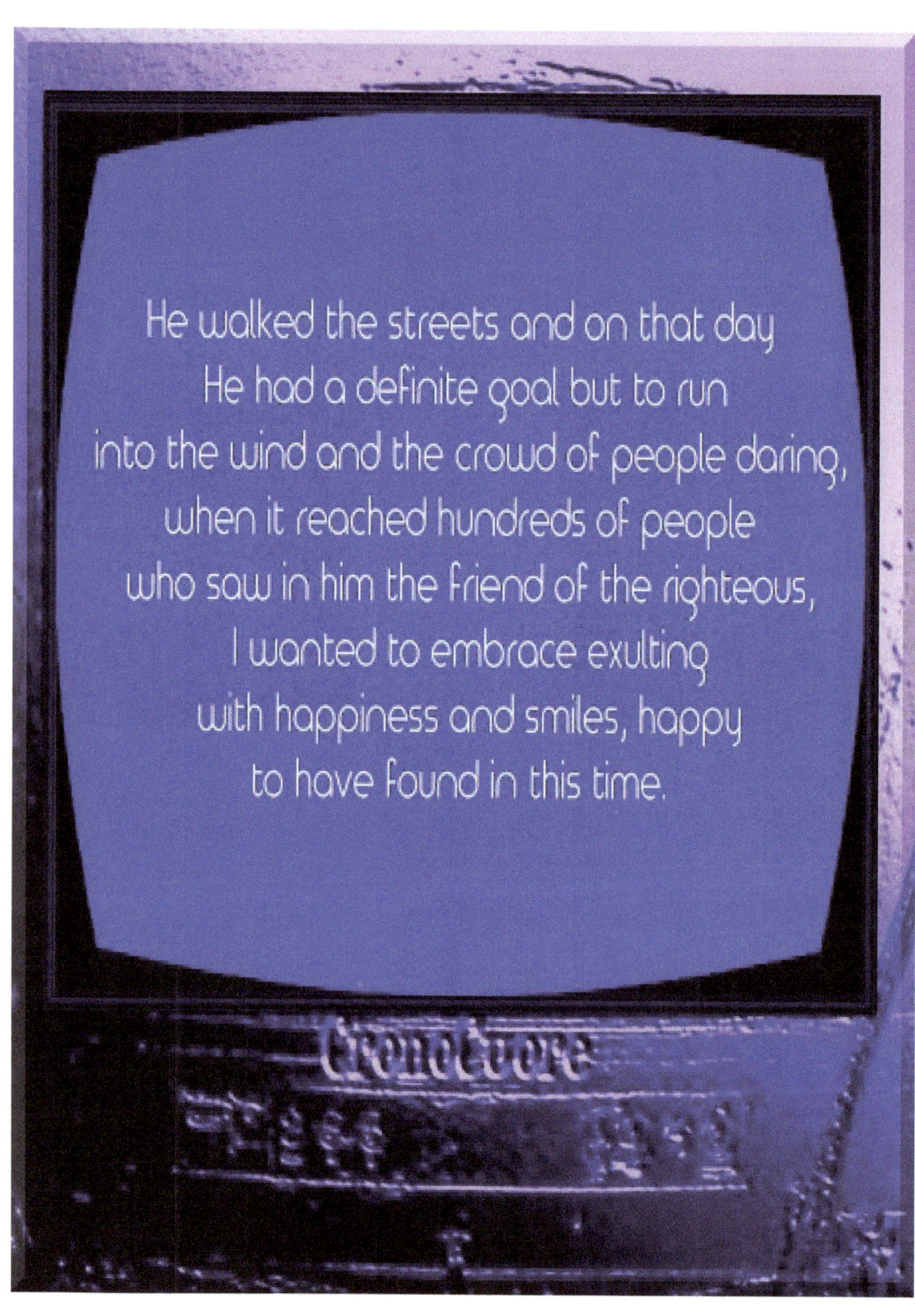

He walked the streets and on that day
He had a definite goal but to run
into the wind and the crowd of people daring,
when it reached hundreds of people
who saw in him the friend of the righteous,
I wanted to embrace exulting
with happiness and smiles, happy
to have found in this time.

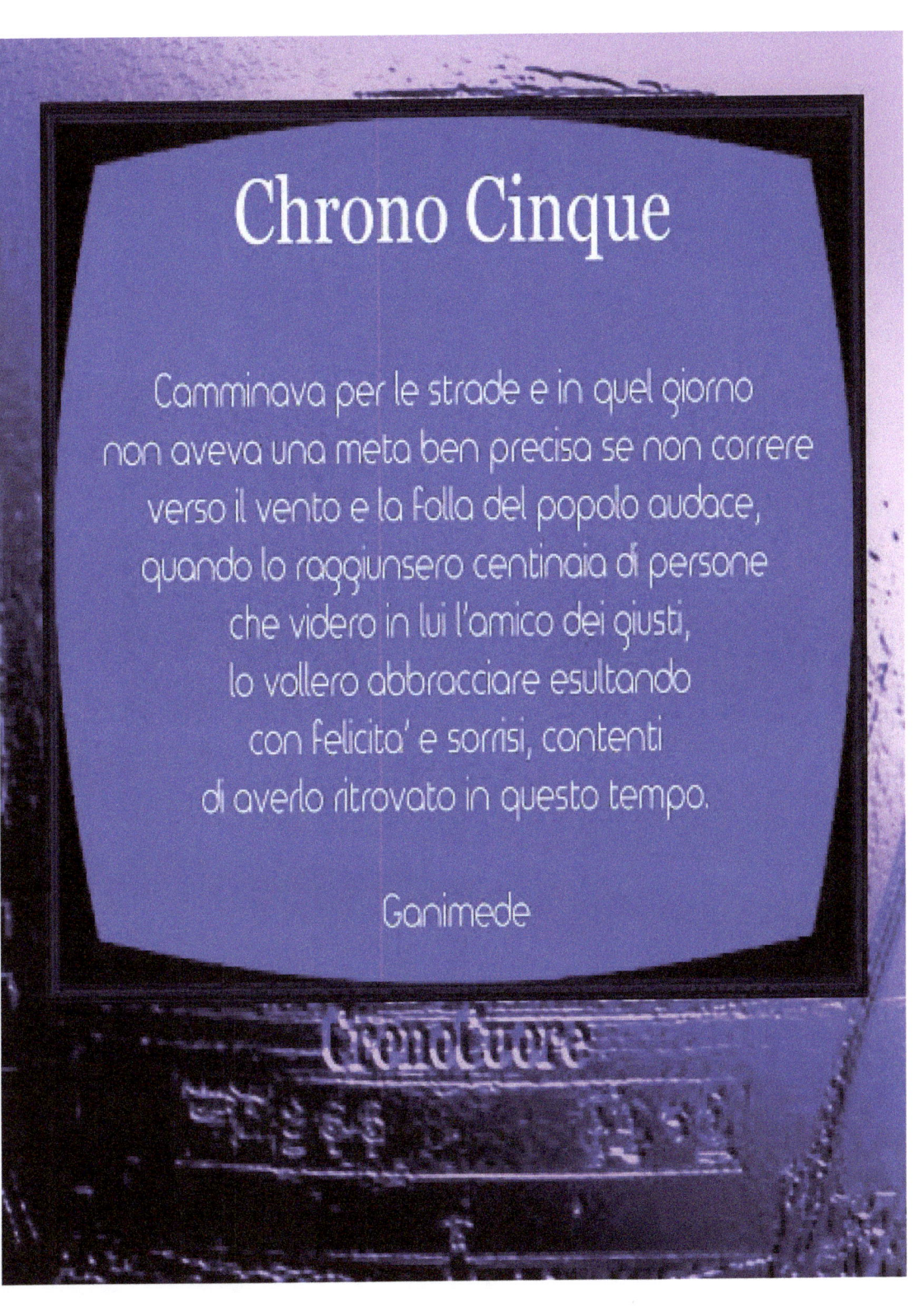

Chrono Cinque

Camminava per le strade e in quel giorno
non aveva una meta ben precisa se non correre
verso il vento e la folla del popolo audace,
quando lo raggiunsero centinaia di persone
che videro in lui l'amico dei giusti,
lo vollero abbracciare esultando
con felicita' e sorrisi, contenti
di averlo ritrovato in questo tempo.

Ganimede

Luca Tornambè ©

Light

Freedom

Chrono Night Blu

Chrono blu solare

Luca Tornambè ©

Cronocuore

Chrono in the mountains

The mountains with snowy peaks allow to recognize the glider scout.

Luca Tornambé ©

Chrono Prescelto Cinque

La storia del quinto è decisamente
analoga a tutti gli uomini del mondo,
lavora come loro, porta messaggi
e prende sentieri ostili come variopinti di luce,
porta colori e dice ciò che sente e pensa quando
tutto quello che accade intorno è distaccato.
Parla con loro, essendo anche come loro,
sorride con loro a modo suo.

Uno dei prescelti piu' savi, in quanto aveva raggiunto
un livello di coscienza ottimale disse all'altro, ovvero il
secondo prescelto, il quale doveva evitare di mettersi
sul piano degli altri esseri viventi, ma quest'ultimo non
riusciva a restare indifferente quando si è trovato in questo
spazio ed epoca insieme a noi. Proprio a lui, il padre ha
concesso il dono piu' importante: stare con gli uni e gli altri
anche se un giorno sapeva benissimo che il sentiero primario
sarebbe stato vicino al padre. Ha rinunciato al mondo
di Elara per riportare in vita e dare sorrisi ai fratelli di
questo mondo primo. Elara si commosse e promise
al prescelto che l'avrebbe potuto rivedere lo stesso
dopo un pianto interminabile di stelle.
Come regina madre aveva arbitrio su
tutto, in virtù del fatto che lui era stato
sulla Terra tante volte nel dolore;
lo rivide ancora in forma di creatura
sulla nostra Terra.

Elara piange nel cielo - Cronovisione 2015

Il quinto prescelto, chinando il volto verso
il basso in posizione di chiocciola che dormiva
come un alone misterioso che nessuno poteva
percepire, prese il giorno per la notte e la notte
per il giorno.

Immacolato di un atmosfera dove il silenzio
del sonno era in grado di avvicinare
gli amici della Terra.
Osservando come riuscì a portare in grembo
tutti noi dall'alto di una luce fioca
nel silenzio e perpetua come mistero.
Lo guardarono con attenzione
sapendo bene che aveva dato
nei secoli, stima per questo pianeta.

Toleman senziente cinque - Cronovisione 2015

Crono Attimi di Pace

Atmosfere boreali di giorni di fioca nebbia

In questa sensazione
mistica, dove ogni colore
sparso aveva il suo profumo,
Tutto cio' era anche insolito
al prescelto nei paradossi
che accadevano, ma ora
come non mai quasi
accettati sulla
linea del vento
e dalla nebbia di sole.
Non conferiva panico
e induceva a riflettere
su fenomeni di natura astratti.
Anche se fioco, velato nelle spine,
si poteva trarre un senso di letizia
che appariva e scompariva
con toni provati a tratti e
rimaneva ancora un
sogno per pochi prescelti.

Luca Tornambè ©

Eco Solare

Crono Messaggio

Ho scelto di venire qui, lasciando il mio di mondo, perchè qui mi è stata data la possibilità di integrazione. Le mie origini sono distanti, ma vengo qui perchè l'uomo è qui, cerca luce come ombra.
Si domanda tante cose, ma è smarrito. Cerca un appiglio, ha bisogno di ascoltare l'altro simile, ma non trova ancora risposte sul dopo. Un planetario dove il sole illumina i nostri orizzonti. Le montagne con le cime innevate permettono di riconoscere l'aliante ricognitore. Il primo degli arrivati prescelti al mondo è di origine senziente, io sono di natura misteriosa, indirizzo gli altri due prescelti alla ricerca del quinto.

Quando
porta
nel nostro
mondo una
nuova aurora,
l'orizzonte
cambia
colore.
Il cielo e' nostro
amico, l'atmosfera
che porta distante
da ogni confine.

Chrono porta i colori nel tuo mondo

Luca Tornambè ©

Crono Armonia

il prescelto
ogni volta
che osservava
i suoi simili
riconosceva
qualosa di gioioso
che era merito
del sentimento
insisto in questo
altare del mondo.
Erano le emozioni
di creature concepite
con il colore rinascente
tutte le volte riscoprendo
un armonia universale.
Non era importante chi era
e cosa facesse.

Luca Tornambe' ©

La stella

Il primo ascolta il secondo,
il secondo dialoga con il terzo.
Arriva il quarto e scherza
col quinto sapendo che un
giorno dovrà parlargli del suo futuro.
Sono in conflitto, amici di vita.

Idee differenti e pensieri distanti.
Quando si uniscono e fanno squadra
parleranno del quinto per
sostenerlo nel sentiero.

Ritornello dei 4 prescelti

Cronovisione 2015

Luca Tornambè

Toleman
vs Darkness

Angel
ANTIGRAVITA'

Save the World – Save the Future

Luca Tornambe ©

YOU CAN COMBAT THE EVIL

Luca Tornambè

C-R-O-M-I-E
C-O-S-M-I-C-H-E

Toleman
Presenza

Luca Tornambè ©

Chrono
Boy

A planetarium where the sun brightens our horizons.

Chrono

Butterflyman — *Luca Tornambé*

Hope in an imaginative world.
Chrono meets a butterfly
that turns into precise
a fairy queen.
The day
turns into
night and
night
into day.
Luca Tornambè ©

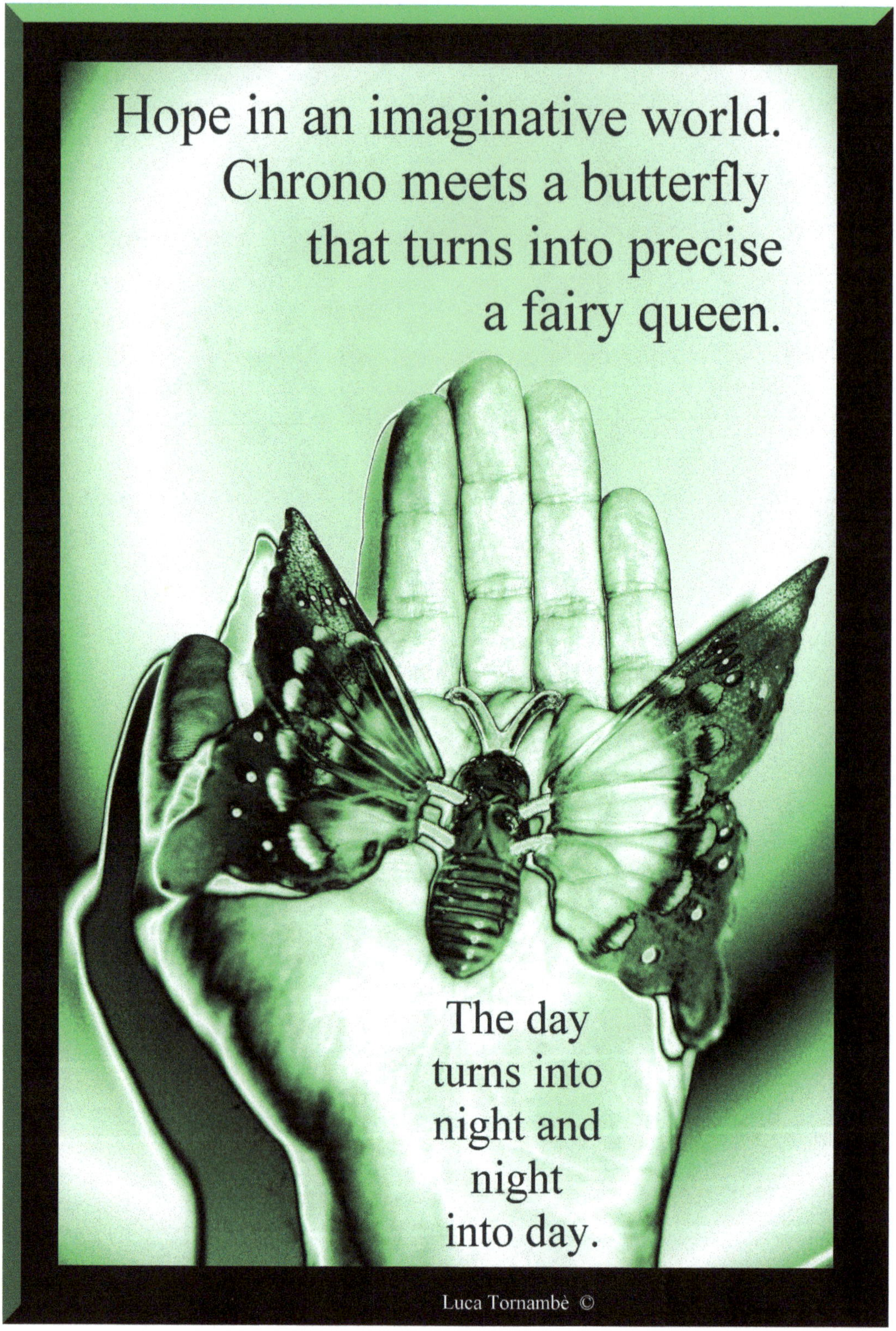

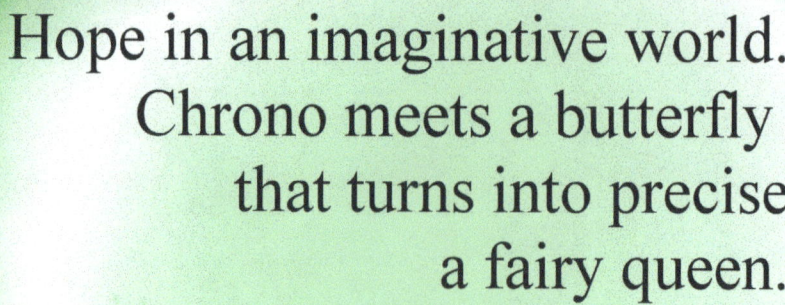

Crono evoluzione

Egli risalì nelle vette del mondo come energia

il Colore e' armonia

Luca Tornambè ©

Crono nave

Extrasensoriale

Il punto decisivo e' di cambiare
la tua prospettiva verso di loro.
Pero' non puoi cambiare
totalmente il corso del destino,
puoi dare sempre il meglio di te
in questa visione misteriosa
del mondo

Ganimede a Toleman

Luca Tornambè ©

Il prescelto cardine ha creato
un nuovo ordine delle cose
portando l'incanto del sogno
e della musica con le proprie
atmosfere, ha disfatto le
vecchie logiche
di percorso per dare
spazio alle nuove.

Chrono Origine

Luca Tornambé ©

Troverai una speranza,
troverai un sentiero,
perchè dentro di te
c'è amore vero.

*You'll find a hope, you will find a path
because inside you, there is true love*

Luca Tornambè giugno 26, 2015 ©

Crono
Search Toleman

Toleman, percorri il sentiero vicino
le dune di ghiaccio, vedrai
l'aliante ricognitore in attesa di volare.
Ganimede

Luca Tornambè ©

Toleman, tu sei pronto per volare?
Non e' facile, ma tutta la tua forza
andra' verso l'alto con la tua
leggerezza ed il tuo spirito d'iniziativa.
Riprova e prova ancora fin quando
il volo sara' un gesto liberatorio e naturale.

La storia della vita
è un libro che
ha infinite pagine
scritte con l'inchiostro
del nostro vivere.

The history of life
is a book that has
endless pageswritten
with the ink of our life.

Luca Tornambè ©

Tutti possiamo aiutare, tutti possiamo ascoltare e riconoscerci nel sentiero. Il quinto prescelto aveva dato questo messaggio quando nel silenzio era giunta una grande bufera, proprio durante la salita in cima.
Elara, attendeva con l'aliante ricognitore il prescelto viaggiatore, purtroppo durante il volo dell'aliante la bufera investì le ali del mezzo, anche se non riuscì a volare: Elara in questo momento arduo, tolto il costume della pelle sintetica che proteggeva il suo corpo dalle radiazioni della Terra, si alzò brevemente in volo, solo brevi istanti smorzati e ripidi, dopo scese innanzi al mondo materializzandosi come donna senza i doni di creatura celeste.
Elara arrivò dopo 200 anni di vita del quarto prescelto che doveva restituire il colore solare. La principessa abbracciando il prescelto chiese del quinto che doveva essere sulla Terra, punito dai venti del nord.
Non aveva risposte perchè il quarto prescelto non poteva fare altro che prenderla in cura e neppure sfiorarla. Il quarto prescelto conservò il ciondolo di Elara, e dopo una marcia di luce è riuscita ad entrare nelle grazie di una grotta misteriosa, custodita da guardiani in quarzo.
Si cristallizzò pensando al suo amato smarrito, dopo un pianto di stelle.
I frammenti di questa pioggia raggiunsero come per incanto l'altra parte del mondo, riuscendo a commuovere il mare, trovando così il quinto prescelto che era sommerso di questa grazia. Sapendo che nel tramite di questa evanescenza il prescelto viaggiatore doveva ritrovarla per merito del cristallo del potere.

Elara piange nelle montagne della Terra – Cronovisione 2015

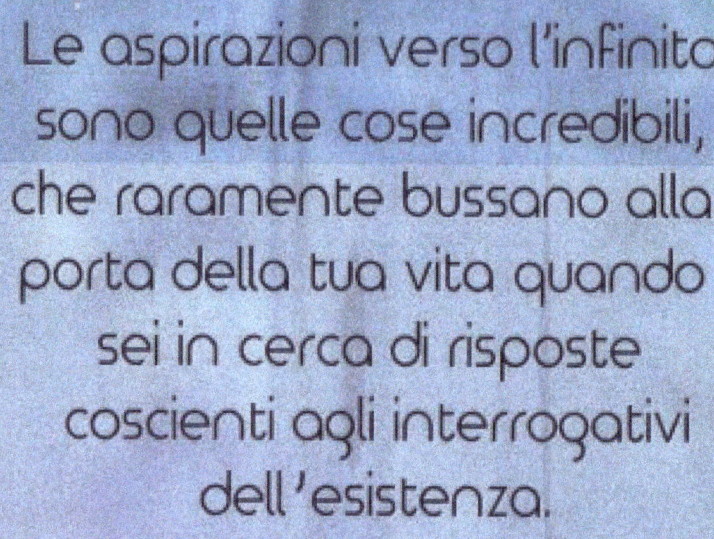

Le aspirazioni verso l'infinito sono quelle cose incredibili, che raramente bussano alla porta della tua vita quando sei in cerca di risposte coscienti agli interrogativi dell'esistenza.

Luca Tornambè ©

Crono Schermo

Luca Toenambè Chronovision Idea

Egli sfidando le dimensioni
del tempo, resuscitò
il giorno e la notte con
i nuovi colori delle stelle;
fin quando non si congiunse
con il regno immaginifico
di Elara per incontrare
la sua regina.

Chrono Padre

Chrono cloud

I hope for you

Luca Tornambè

Hope key

Era il cielo che cullava le stelle nella pace dei sensi.
Un giorno tutto questo venne dimenticato dall'uomo,
così lasciò in questa ricchezza ogni speranza.

Il sognatore è un uomo solitario,
una mosca bianca nell'anfiteatro del mondo.
La speranza viene meno, oppure osteggiata.

In fondo la speranza è la chiave di questo messaggio,
prima di sperare credi immensamente che tutto questo
torni ad essere felice.

Luca Tornambè ©

Crono Espansivo

Luca Tornambè ©

Was the sky that rocked
the stars in peace of mind.
one day all this was forgotten by man.
so let this wealth all hope.

The dreamer is a lonely man,
a rare bird in the
amphitheater in the world.
The hope is lost, or opposed.

after all hope is the
key to this message.
before immensely hope
you believe that all this
back to being happy.

Expansive Chrono

Luca Tornambè ©

Dimensione 3D
Origina le Forme

CRONO
Mondo dei senzienti

Chrono Night

Chrono

Mappa di posizione geomagnetica

Luca Tornambè ©

Gold Toleman

Luca Tornambe' ©

Crono Introspettivo

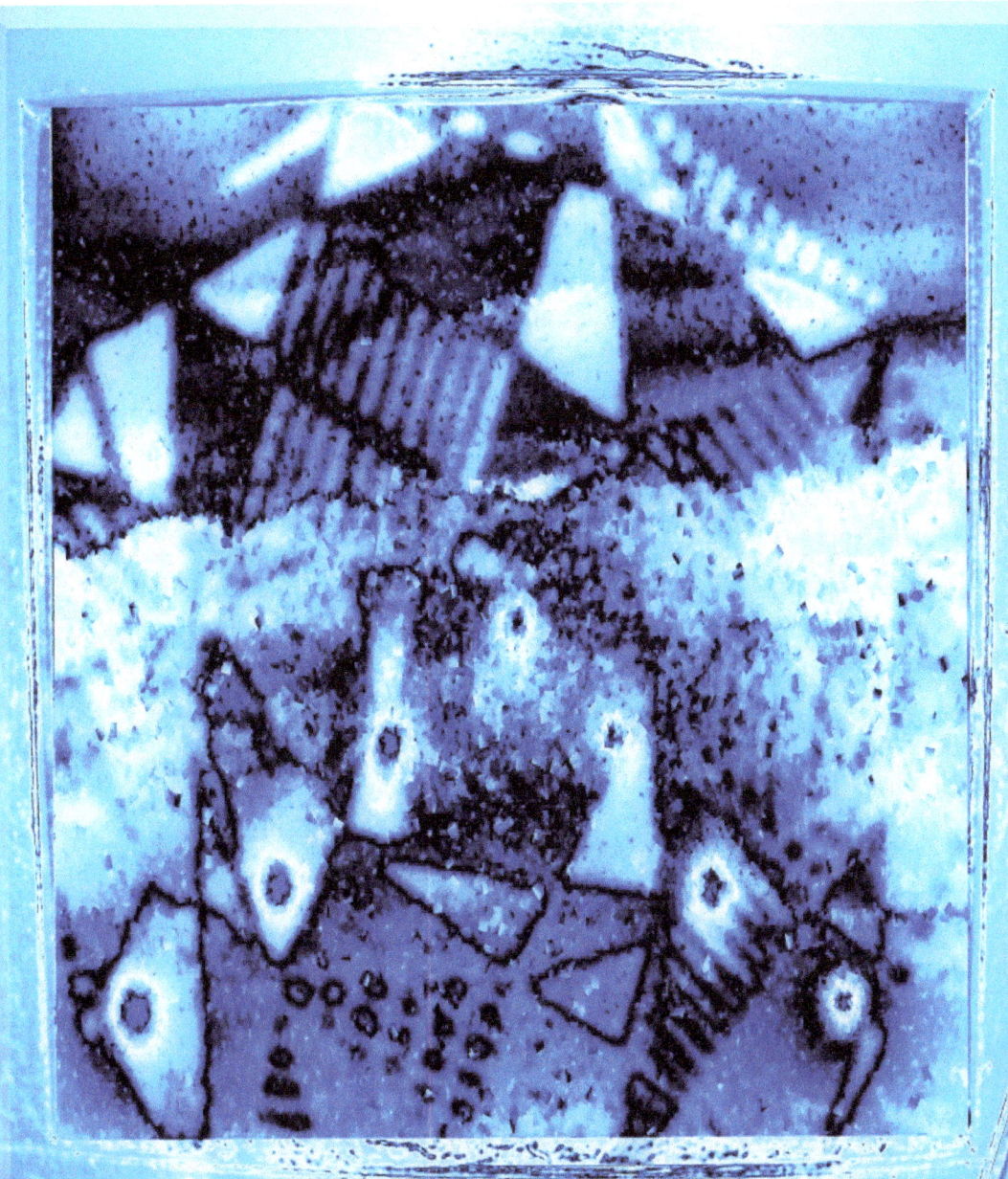

He took the watch and put it ahead of hands, stopping to observe the drops of water of a fountain. The clock began to run quickly after short periods at supersonic speeds, the sun and the night and day back to another time and dimension.

Crono Time Travel

Luca Tornambè ©

Il quinto prescelto distanziandosi dalle sovrastrutture avamposte di notte e dai ruderi della città moderna, trascurata dagli abitanti ritenuti ostili, proseguì per un sentiero ignoto all'interno del percorso di marcia, piuttosto che lasciarsi incantare dalle suggestioni delle strutture antiche e ferite, ma ancora degne di colore. Il quinto non ha resistito al brivido della scoperta e del mistero. Era pallida la Luna, ma non era incostante il tempo, la fioca luce apparsa tra le nuvole del cielo, che si portava avanti in questo alone opaco e sintetico. Egli prese l'orologio e lo mise avanti di lancette fermandosi ad osservare le gocce d'acqua di una fontana. Le Lancette dell'orologio iniziarono a correre velocemente, dopo brevi istanti a velocità supersoniche, il sole e la notte ed il giorno tornarono in un altro tempo e dimensione. Mondo della Terra, mappa di posizione geomagnetica. Volando nel bosco quasi raso terra si accorse degli elementi cardini di questo mondo. Il quinto esplora la superficie e la dimensione del mondo.

The Rain Colors

Gli abitanti del luogo
nascosto si fecero avanti
dicendo: noi siamo con
te Ganimede, perchè
nel tuo mondo hai ritrovato
le farfalle regine mandando
il tuo cavaliere viaggiatore.
Il tuo prescelto ha riconosciuto
questi colori nel momento in cui
il giorno era un eclisse di sole
ma era anche una stella piena
di gelo e carente di iniziative.
Non sapevano che prima di
questo momento uno dei
prescelti piu' audaci, era
riuscito a dare al silenzio
una nuova musica.

Crono Silence

Luca Tornambe'

Lux energia al prescelto

Crono
Si rigenera

Salva gli umani

Vola verso i mondi

TOLEMAN

The Chronovision save the people

Un prescelto che vince le forze di gravità

Chrono Passaggio segreto

Luca Tornambè ©

Luca Tornambè ©

Crono

°ButterflyMan°

Luca Tornambè ©

Toleman Inside timetime

Save the World Save the Future.

Crono 3d

Un prescelto che vince le forze di gravita'

Cronovore

Crono
Mondo Nascosto
Non dimenticarmi mai

Toleman Coscienza

E' stato sorpreso dalla vostra gioia
Ha ripreso il suo cammino con una nuova visione

Luca Tornambè ©

Mondo dimensionale di Zormanok

Toleman salva Zormanok

Libera Le Farfalle Regine

Luca Tornambé ©

Crono Prescelto Five

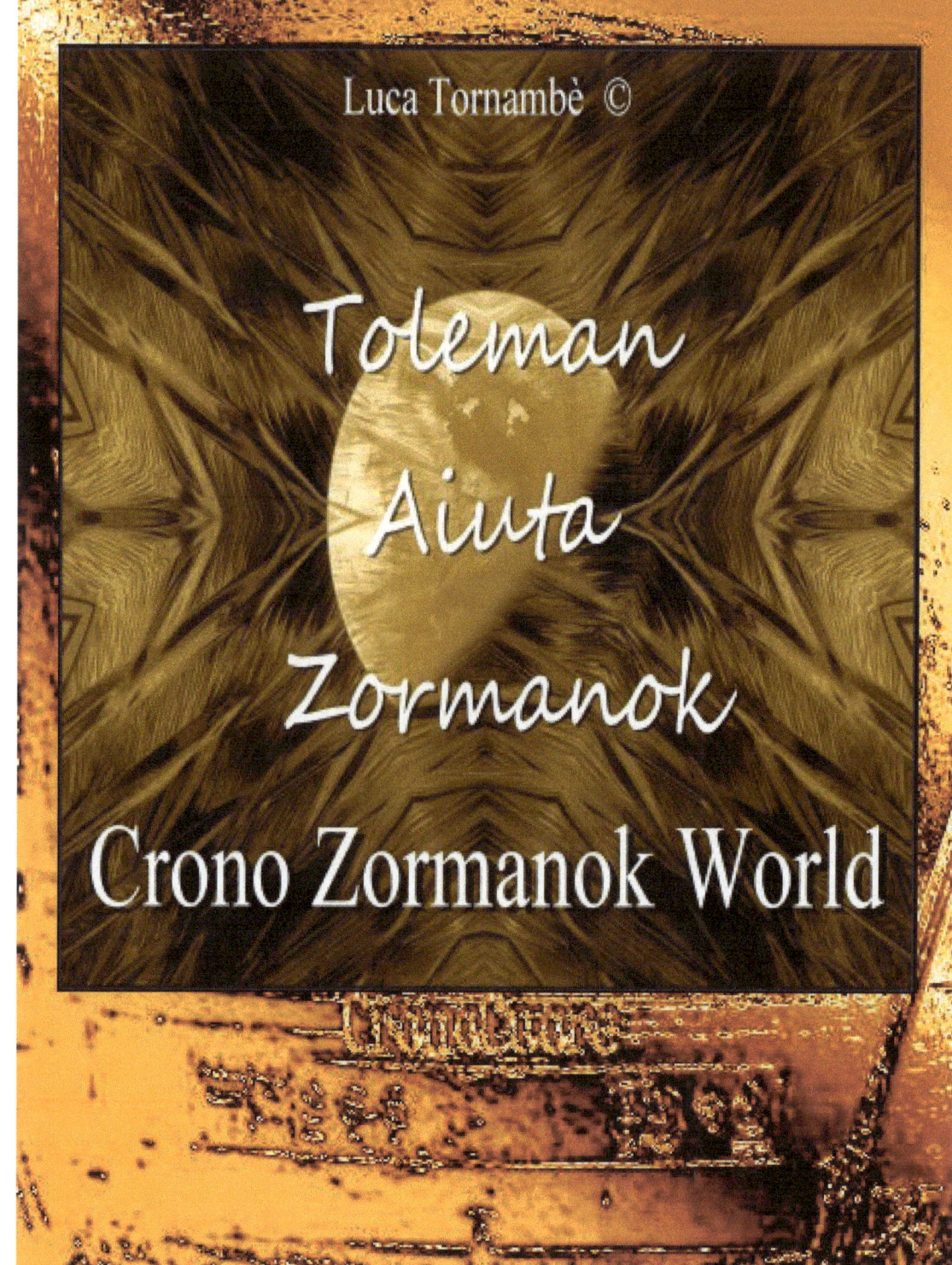

Togliti la maschera Zormanok, togli le illusioni che hai costruito
nella montagna di smeraldi, mostra al tuo popolo chi sei senza
l'autorevolezza di questo potere ingannevole. Questo posto sta
collassando perchè non hai considerato che un giorno lo scrigno
sarebbe finito in preda alle voragini della Terra del Sole.
Apri lo scrigno con l'energia positiva che hai celato al tempo,
ti ritroverai un esercito di guerrieri che reclameranno il tuo trono.
Abbandona questo potere e sarai salvo insieme a coloro che
hanno risanato le tue virtù di guerriero. Se farai questo il tuo
mondo dimensionale risorgerà, e le farfalle si trasformeranno
in damigelle. Queste rugiade sfiorando le foglie dell'alveare
vicino le cascate porteranno nuova vita al tuo popolo,
rendendoti vivo e valoroso innanzi a loro.

Toleman motiva Zormanok

Luca Tornambè Chronovision idea

Zormanok World

Toleman conosce la dimensione di Zormanok

Chrono Save Butterfly Queen

Zormanok, aprendo lo scrigno sepolto nel nascondiglio della montagna, vide sprigionare un alone azzurro dall'interno del baule magico.
Una volta aperto il contenitore sacro dove costudiva la sua anima guerriera, udì una voce maestosa e mille guerrieri come esercito salire in alto al cielo, che cambiò colore assumendo un tono nero e rosso amaranto; ci hai liberati dalla prigionia di questo regno in balia della voragine e del dirupo. La tua anima guerriera ritornerà in te stesso, ora dovrai cedere il trono, la maschera abissarla esattamente in questo punto dove riposa il sole. Le farfalle ritorneranno damigelle e sarai vivo nelle grazie di questo mondo dimensionale. Quando Toleman riuscì a salire aprendo il varco insieme a Zormanok, vicino la zona dello scrigno, lo raccomandò vivamente di abbandonare il trono e andare nel sito dimensionale, mostrando il suo volto reale per salvare questo spazio assieme al suo popolo che era avulso dell'oscuro e schiavo di un potere diabolico. Il volto del signore misterioso, mutò lindo una volta che la maschera venne distrutta nel dirupo con la forza del sole.
In quiete l'orizzonte riprese i colori originali e la folla del popolo lo riconobbe come l'artefice di questo prodigio che salvò il suo mondo, portando un nuovo scenario di vita.

Lo scrigno di Zormanok

Toleman
Entra
nel mondo di Zormanok

New World

Crono Salvaguardia

Luca Tornambè ©

Lido Peax

Hai

Aiutato

Zormanok.

E' stato un

nobile gesto.

Il nostro mondo

ti sarà riconoscente.

Crono Hyperdimension

Catharsis and evolution of consciousness.

Chrono changes perspective

Catarsi ed evoluzione della coscienza

Crono cambia prospettiva

Luca Tornambè Chronovision Creation 2015 ©

Luca Tomarnbé Chronovision Art 2015 ©

I guardiani all'interno
dell'aliante
digitalizzarono
gli eventi ed i luoghi
dove il prescelto
aveva compiuto i suoi passi.
Ricostruendo gli eventi
nell'epoca successiva,
tutto ritorno' come
madre Luna e Padre Sole.
Egli era seguito da qualcosa
che il mondo non poteva
riconoscere come parte
integrante di un sistema
di vita proprio all'apparenza,
in antitesi con le regole della natura,
ma in realta' complementare proprio
per questi enigmi.

Crono Paradossi
Le teorie dei viaggi del prescelto

Chrono per la Stella

Quando il terzo prescelto si accorse che la stella del quinto
era scesa sulla terra disincantando la Luna e creando uno
scenario epocale per via delle sue grazie celesti, quest'ultimo
si precipitò costernato alla ricerca, pur sapendo che il suo
corpo era in balia della gravità e delle luci solari.
Solo qualcosa di vivo e rilucente avrebbe potuto riscattare
questo incontro arduo e sulle croste del mondo;
un territorio che non doveva far parte di questa sfera
e di questo quarzo dove tutto era logoro
e intriso di fioche ginestre.

Luca Tornambè ©

*La forza positiva
della vita
per non soccombere
mai al dolore,
ma lottarlo
nel migliore
dei modi.
Colore e musica
come terapia,
come ritmo
quotidiano.*

Crono Cuore

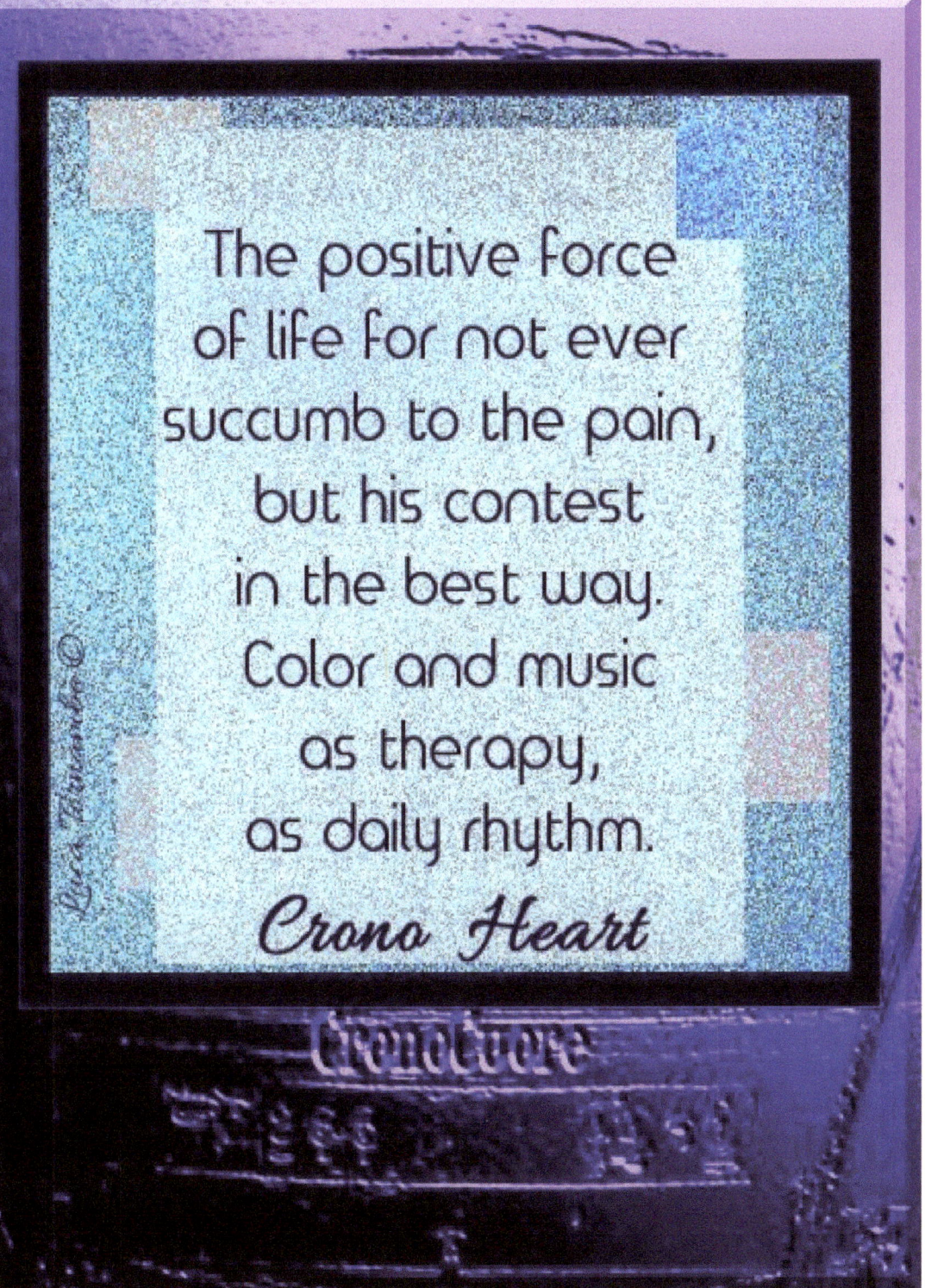

Particles
of colored
crystal
sprouted
in the sky
as the essence
of life and
feeling of light

Crono Orizzonte

Luca Tornambe'

Le particelle di cristallo
colorato germogliato
in cielo, come essenza
di vita e sensazione di luce.

**Crono Paradise
Suggestive Land**

Luca Tornambè ©

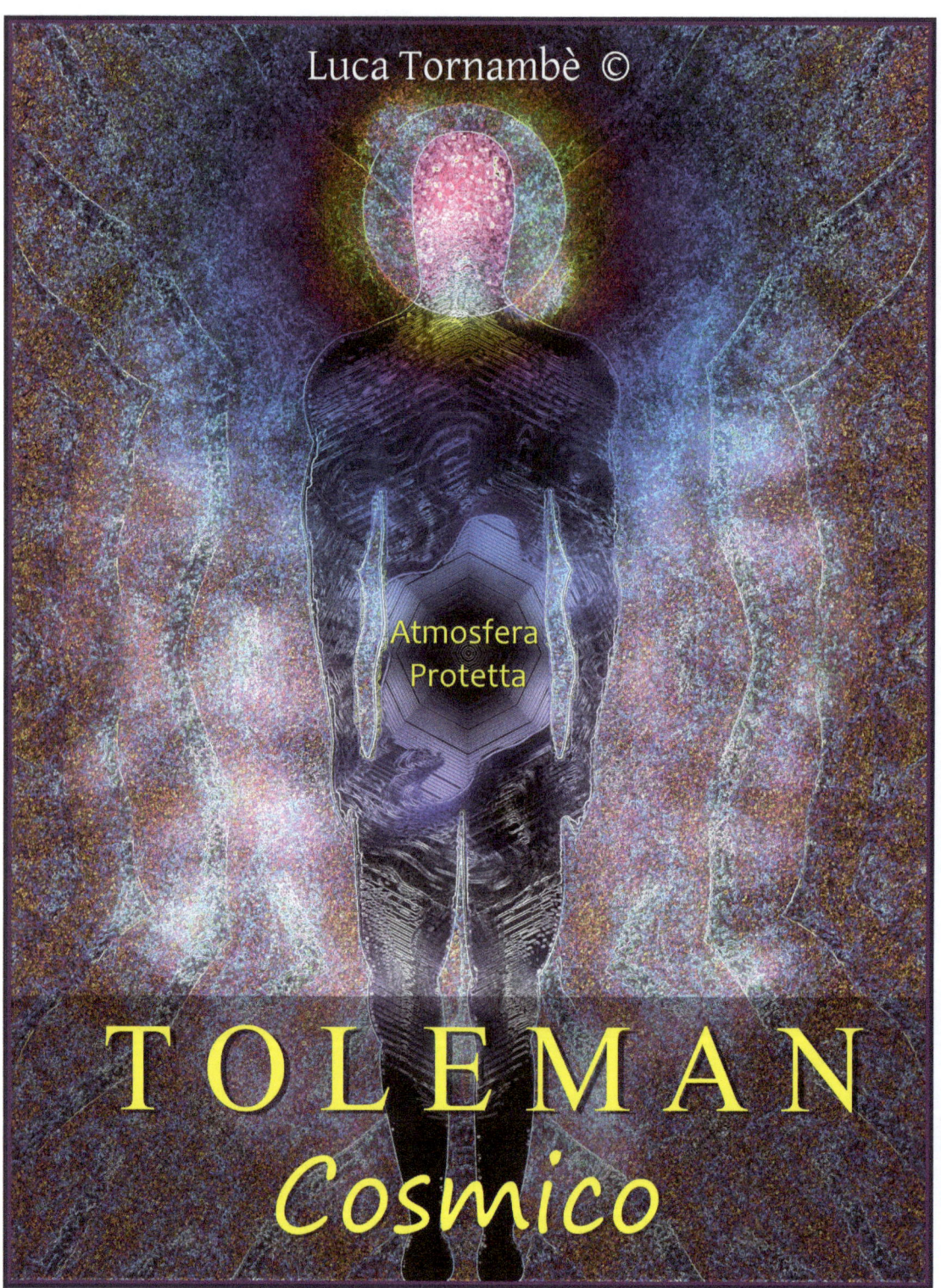

Il quinto è un prescelto in grado di amare,
ma intensamente provato da logiche del
tempo esattamente come le creature viventi,
mentre il primo sente e può parlare al quinto
distante nel mondo, quest'ultimo che nasce
per fare amicizia con loro,
dovrà stare insieme a loro per tanto tempo.

Toleman Five Chronovision 2015

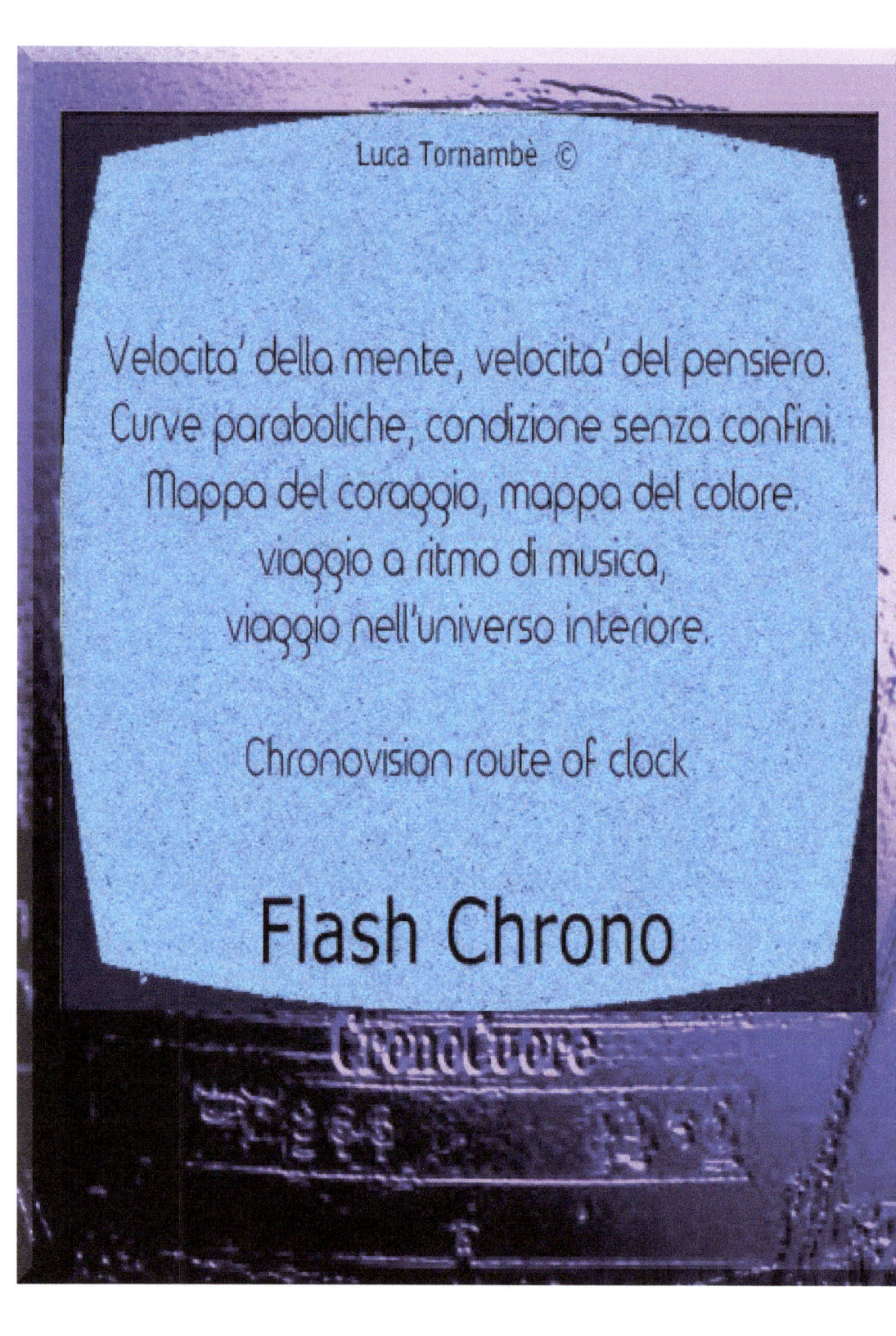

Se amate il vostro territorio,
amate anche il territorio del prossimo.
La Terra è uno spazio dove valicare
i confini non è altro che il nostro
bisogno di equilibrio e armonia
associati alla voglia di evasione dalla
consuetudine.
Per questo vogliamo esplorare nel mondo,
per attingere dall'inchiostro delle emozioni
del tempo qualcosa che al di là
della conoscenza resta
per sempre nel nostro cuore.
E' la meta del viaggiatore, di coloro
che trasformano la pioggia in Sole.

Luca Tornambè ©

Crono Missionari

La Speranza Aliena

Trovate Toleman e portatelo nella sala comandi

Luca Tornambè ©

TOLEMAN
Ritorno alle origini

Crono
Frammenti di vita

Il guardiano rivolgendo il cristallo verso il frammento di cielo ancora brillo, così esclamò a voce alta: torna il mondo come prima! Un aliante ricognitore accorgendosi della sua presenza, lo prese in cura per condurlo nel mondo esattamente dove tutto ebbe inizio.

Luca Tornambè ©

Crono
Aliante Ricognitore

Epic Story

Il Prescelto venne portato nel mondo misterioso, esattamente dove tutto ebbe inizio.

Luca Tornambè ©

Luca Tornambè ©

Questo è il tuo universo natio, dove umani ed esseri delle terre dei viventi abitano in simbiosi. Apri il cristallo e rivolgi la punta verso l'alto della sfera, vedrai il mondo terrestre nascente come fosse immacolato per la prima volta.

world

Toleman
Crono Visione
Quarzo

Crono
Ombra

Contro l'oscurita'
scudo dimensionale

Toleman
Forze ignote al tempo

Dimensione celata
al sogno

Chronovision Art - Luca Tornambè ©

Attenderai
ancora
una volta
il divenire
di Luce e
appena il Sole
sara' sorto,
riemergerai
dal Lago
delle lande
insieme alla
tua guida
arcadia.

Ganimede

CRONO

Il Lago delle Lande

Crono Toleman
Riemerge dal Lago

Luca Tornambè ©

Luca Tornambè ©

Turns into
wonder and hope
all that you will
not see
soar in the wind.

Trasforma in
meraviglia e speranza
tutto cio'che non
vedrai librare nel vento.

Ganimede

Crono Hope

Chrono puoi volare

Una delle virtu' piu' importanti che non viene quasi mai messa in evidenza, è la capacita' di donare amore incondizionato. Una fonte di energia libera che si trova dentro di noi, talvolta all'apice di un sogno e al di là dei pensieri. Tutto questo ci permette di essere vivi e senza falsi desideri.

Luca Tornambè ©

Save the world
Crono
Save the people

Angel

Vola per ciascuno di noi

5

Luca Tornambè ©

Il Quinto un prescelto che vince le forze di gravità

I'm Chrono Father

Save the People   Save the World

I'm kind of mysterious

address the other two chosen in search of the fifth.

Luca Tornambè ©

"Io sono di origine misteriosa,
indirizzo gli altri due prescelti
alla ricerca del quinto."

Toleman Wind Colors

Crono Quadro

Luca Tornambè Chronovision

Chrono Poems

Le stelle sono filamenti di pace interiore.

Le stelle emozionano con le luci della vita.

Le stelle parlano della sensazione
meravigliosa dell'universo.

Le stelle chiedono al tuo cuore di non andare via.

Le stelle fanno di noi un paradiso per sognare.

Luca Tornambè ©

Luca Tornambè ©

Toleman World

Flies the world, flies for each of us.

humans need you and you need us.

This is your task, help humans land of the living who are in difficulty.

3D

Prendi il cristallo e dirigilo verso l'alto, un aliante ricognitore ti troverà ricostruendo le tue energie smarrite.

Ganimede

Lux Interior

Vola per il mondo,
vola per ciascuno di noi.
Gli umani hanno bisogno
di te e tu hai bisogno di noi.
Questo è il tuo compito,
aiutare gli umani delle terre
dei viventi che si trovano
in difficoltà.

Ganimede a Toleman

Toleman

Luca Tomambè

"Entra nella camera azzurra e sarai piu' forte alla velocita' del vento"
Ganimede

CronoCuore

Luca Tornambè ©

Toleman
Magic Warrior

3D World
Introspection

Chrono land of life

*All places in the world
have some unique features*

Luca Tornambè ©

Elara Dimension

Le persone vivono in base a ciò che hanno creato attorno al loro equilibrio, se viene a mancare qualcosa che regola l'equilibrio, è naturale seppur doloroso che il vento non soffia piu' nella direzione giusta. Solo riconquistando nei ruderi del tempo una nuova sinergia, il vento e il tutto si rigenera piano piano e ti rende piu' forte. Puoi risalire in cima e destreggiarti nel momento in cui arriva l'altra tempesta.

Luca Tornambè ©

Chrono
Riflessione

Puoi avere tanti "amici"
e conoscenti, alla fine solo coloro
che sono autentici e sensibili
non ti volteranno mai le spalle
e ti staranno accanto anche
nei momenti di difficoltà.
Allora qui avrai capito
il senso vero dell'amicizia.

Luca Tornambè ©

NUOVA DIMENSIONE

Chrono

The Land of Life
Elara Dimension

TOLEMAN

Luca Tornambè Chronovision Idea

Il Maestro aveva preso i semi della conoscenza
e li sparse sulla nostra Terra in un luogo lindo in origine.
Non ha potuto separare tutto ciò per via del suo verbo,
manifestando un alveare di sorrisi ma anche di bufere.

Era la condizione permanente della madre stella
dell'universo, dove iniziò a sbocciare il sole, che portò
in questo anfiteatro del mondo due alberi: uno della saggezza
e un altro della discordia. Il padre rivolgendosi al figlio disse:

io ti darò un dono straordinario, vivrai queste cose con il mio
stesso spirito fanciullesco. Trasforma in meraviglia e speranza
tutto ciò che non vedrai librare nel vento.

Loro sono come te, tu puoi fare di questo luogo
un sogno e alleviare questa croce.

Crono io sono Padre Sole e Madre Luna

Guarda l'orologio,
è il tempo che scorre.
Guarda il cielo,
è l'immenso
che illumina.

Luca Tornambè

Luca Tornambè
TOLEMAN

Crono
Super Energia

Quadranti

Luca Tornambè ©

Epica delle Cronovisioni

La Cronovisione salva il mondo. La cronovisione salva il futuro.

DREAM

Insieme a me in un battito d'ali.
Io sono la farfalla leggiadra
nel vento

Chrono Butterfly

Chrono Musica

Chi suona nel silenzio,
suona la melodia
che parla il linguaggio
profondo dell'anima,
dove la musica tocca
l'essenza e il sublime.

Luca Tornambè ©

Crono
Assorbe l'energia cosmica

Posiziona il cristallo nella base della camera e aspetta la proiezione delle luci, dopo avrai la destrezza dei sensi

Ganimede

Toleman
Camera della Luce

LUX

Luca Tornambè ©

Says our ideals of freedom,
valuing creatures of the universe.
Create an imaginary world that speaks
of light and wind, but mostly speaks
emotions that are in the making.
In the form of legendary twilight rises
day and night elevating music and
image with the perception that
you have inside.

Build forms that
move at the speed
of sound and bring
with you this essence.

**Ganymede Chronovision
Creative 2015**

Luca Tornambè ©

Ganimede Creative
Chronovision 2015

Afferma i nostri ideali di liberta', valorizzando le creature dell'universo. Crea un mondo immaginifico che parla di luce e vento, ma soprattutto parla delle emozioni che sono in divenire. Sotto forma di crepuscoli leggendari innalza il giorno e la notte elevando in musica e immagine con le percezioni che hai dentro.

Costruisci le forme che si spostano a velocita' del suono e porta con te questa essenza.

Luca Tornambè ©

Il valore e l'importanza
che si attribuisce
alle cose, le rende
speciali
e insostituibili.

Luca Tornambè ©

L'energia ti amo supera ogni frontiera,
luogo tempo e spazio.
I monoliti della conoscenza
in virtu' di questa musica, rivolgendosi
al cielo danzano nella pioggia dalla
grande forza vitale e nelle ali del vento.

Luca Tornambè ©

Chrono
Leggend

Flash

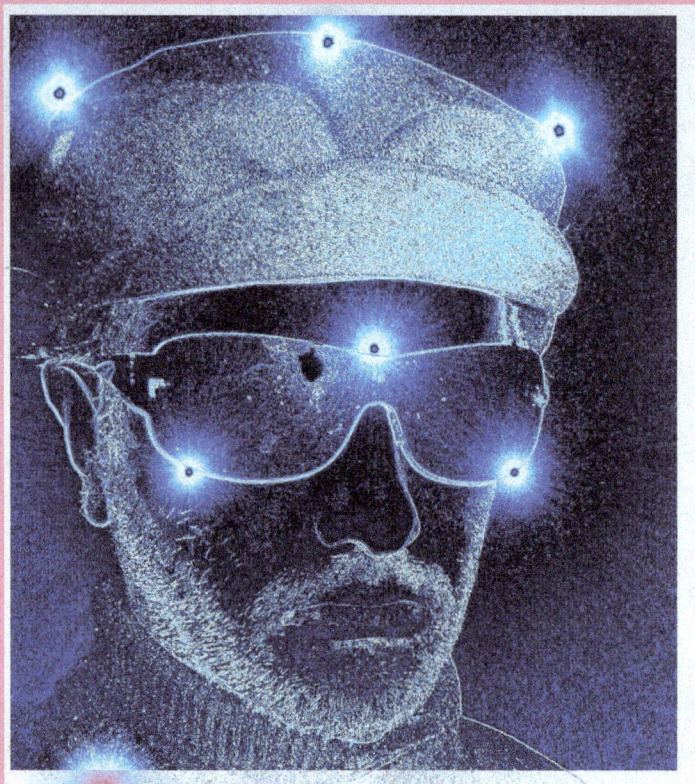

Titolo | I missionari della speranza aliena
Autore | Luca Tornambè

ISBN | 978-88-93216-95-1

Finito di stampare nel mese di
Novembre 2015

© Tutti i diritti riservati all'Autore
Nessuna parte di questo libro può
essere riprodotta senza il
preventivo assenso dell'Autore.

Youcanprint Self-Publishing
Via Roma, 73 - 73039 Tricase (LE) - Italy
www.youcanprint.it
info@youcanprint.it
Facebook: facebook.com/youcanprint.it
Twitter: twitter.com/youcanprintit

www.ingramcontent.com/pod-product-compliance
Lightning Source LLC
Chambersburg PA
CBHW060939170426
43195CB00022B/2978